Élisée Reclus

Évolution
et Révolution

essai

ISBN : 978-1539188124

10 9 8 7 6 5 4 3 2 1

Élisée Reclus

Évolution
et Révolution

essai

Table de Matières

Évolution et Révolution

L'évolution est le mouvement infini de tout ce qui existe, la transformation incessante de l'Univers et toutes ses parties depuis les
origines éternelles et pendant l'infini des âges. Les voies lactées qui
font leur apparition dans les espaces sans bornes, qui se condensent
et se dissolvent pendant les millions et les milliards de siècles, les
étoiles, les astres qui naissent, qui s'agrègent et qui meurent, notre
tourbillon solaire avec son astre central, ses planètes et ses lunes,
et, dans les limites étroites de notre petit globe terraqué, les mon-
tagnes qui surgissent et qui s'effacent de nouveau, les océans qui
se forment pour tarir ensuite, les fleuves qu'on voit perler dans les
vallées, puis se dessécher comme la rosée du matin, les générations
des plantes, des animaux et des hommes qui se succèdent, et nos
millions de vies imperceptibles de l'homme au moucheron, tout
cela n'est que phénomène de la grande évolution entraînant toutes
choses dans son tourbillon sans fin.

En comparaison de ce fait primordial de l'évolution et de la vie
universelle, que sont tous ces petits événements que nous appelons
des révolutions, astronomiques, géologiques ou politiques ? Des
vibrations presque insensibles, des apparences, pourrait-on dire.
C'est par myriades et par myriades que les révolutions se succèdent
dans l'évolution universelle ; mais si minimes qu'elles soient, elles
font partie de ce mouvement infini.

Ainsi la science ne voit aucune opposition entre ces deux mots
d'Évolution et Révolution, qui se ressemblent si fort ; mais dans
le langage commun ils sont employés dans un sens bien distinct
de leur signification première. Loin d'y voir des faits du même
ordre ne différant que par l'ampleur du mouvement, les hommes
timorés que tout changement emplit d'effroi affectent de donner
aux deux termes un sens absolument opposé. L'*Évolution*, syno-
nyme de développement graduel, continu, dans les idées et dans
les mœurs, est présentée comme si elle était le contraire de cette
chose effrayante, la *Révolution*, qui implique des changements plus
ou moins brusques dans les faits. C'est avec un enthousiasme ap-
parent ou même sincère qu'ils discourent de l'évolution, des progrès lents qui s'accomplissent dans les cellules cérébrales, dans le

secret des intelligences et des cœurs, mais qu'on ne leur parle pas de l'abominable révolution qui s'échappe soudain des esprits pour éclater dans les rues, accompagnée parfois par les hurlements de la foule et le fracas des armes.

Constatons tout d'abord que si le mot d'évolution est accepté volontiers par ceux-là même qui voient les révolutionnaires avec horreur, c'est qu'ils ne se rendent point compte de la valeur du mot, car de la chose elle-même ils ne veulent à aucun prix. Ils parlent bien du progrès en termes généraux, mais ils repoussent le progrès en particulier. Ils trouvent que la société actuelle, toute mauvaise qu'elle est et qu'ils la voient eux-mêmes, est bonne à conserver ; il leur suffit qu'elle réalise leur idéal, richesse, pouvoir ou bien-être. Puisqu'il y a des riches et des pauvres, des puissants et des sujets, des maîtres et des serviteurs, des Césars qui ordonnent le combat et des gladiateurs qui vont mourir, les gens avisés n'ont qu'à se mettre du côté des riches et des maîtres, à se faire les courtisans des Césars. Cette société donne du pain, de l'argent, des places, des honneurs, eh bien ! que les hommes d'esprit s'arrangent de manière à prendre leur part, et la plus large possible, de tous les présents de la destinée ! Si quelque bonne étoile, présidant à leur naissance, les a dispensés de toute lutte en leur donnant en héritage le nécessaire et le superflu, de quoi se plaindraient-ils ? Ils se persuadent sans peine que tout le monde est aussi satisfait qu'ils le sont eux-mêmes. Pour l'homme repu, tout le monde a bien dîné. Quant à l'égoïste que la société n'a pas richement doté dès son berceau, du moins peut-il espérer de conquérir sa place par l'intrigue ou par la flatterie, par un heureux coup du sort ou même par un travail acharné mis au service des puissants. Comment s'agirait-il pour lui d'évolution sociale ? Évoluer vers la fortune est sa seule ambition ! Autant demander un cours de philosophie à des gamins qui se disputent des sous jetés d'un balcon par quelque facétieux bourgeois !

Mais il est cependant des timorés qui croient honnêtement à l'évolution des idées et qui néanmoins, par un sentiment de peur instinctive, veulent éviter toute révélation. Ils l'évoquent et la conjurent en même temps ils critiquent la société présente et rêvent de la société future avec une vague espérance qu'elle apparaîtra soudain, par une sorte de miracle, sans que le craquement de la rupture se produise entre le monde passé et et le monde futur.

Évolution et Révolution

Êtres incomplets, ils n'ont que le désir, sans avoir la pensée ; ils imaginent, mais ils ne savent point vouloir. Appartenant aux deux mondes à la fois, ils sont fatalement condamnés à les trahir l'un et l'autre dans la société des conservateurs, ils sont un élément de dissolution par leurs idées et leur langage ; dans celle des révolutionnaires, ils deviennent réacteurs à outrance, abjurant leurs instincts de jeunesse et, comme le chien dont parle l'Évangile, « retournant à ce qu'ils avaient vomi ». C'est ainsi que, pendant la Révolution, les défenseurs les plus ardents de l'ancien régime furent ceux qui jadis l'avaient poursuivi de leurs risées. Ils s'apercevaient trop tard, comme les inhabiles magiciens de la légende, qu'ils avaient une force trop redoutable pour leur faible volonté, pour leurs timides mains.

Une autre classe d'évolutionnistes est celle des gens qui dans l'ensemble des changements à accomplir n'en voient qu'un seul et se vouent strictement, méthodiquement sa réalisation, sans se préoccuper des autres transformations sociales. Ils ont limité, borné d'avance leur champ de travail. Les uns, gens habiles, ont voulu de cette manière, se mettre en paix avec leur conscience et travailler pour la révolution future sans danger pour eux-mêmes. Sous prétexte de consacrer leurs efforts à une réforme de réalisation prochaine, ils perdent complètement de vue tout idéal supérieur et l'écartent même avec colère afin qu'on ne les soupçonne pas de le partager. D'autres, plus honnêtes ou tout à fait respectables, même vaguement utiles à l'achèvement du grand œuvre, sont ceux qui en effet ne voient, par étroitesse d'esprit, d'autres progrès à accomplir que ceux qu'ils préconisent. La sincérité de leur pensée et de leur conduite les place au-dessus de la critique : nous les disons nos frères, tout en reconnaissant avec chagrin combien est étroit le champ de lutte dans lequel ils se sont cantonnés. Je ne parle pas de ceux qui ont pris pour objectifs soit la réforme de l'orthographe, soit la réglementation de l'heure ou le changement du méridien, soit encore la suppression des corsets ou des bonnets à poils ; mais il est des révolutions plus sérieuses qui ne prêtent point au ridicule et qui demandent chez leurs protagonistes, courage, persévérance et dévouement. Ainsi quand je vois une femme, pure de sentiments, noble de caractère, intacte de tout scandale dans l'opinion, descendre vers les prostituées et leur dire : « Tu es ma sœur,

Élisée Reclus

et je viens m'allier avec toi pour lutter contre l'agent des mœurs qui t'insulte et met la main sur toi, contre le médecin de la police qui te fait tenir par des argousins et te viole par sa visite, contre la société tout entière qui te méprise et te foule aux pieds », je ne m'arrêterai pas à des considérations générales pour marchander mon respect à la vaillante révolutionnaire qui s'est mise en lutte contre toute l'impudique société. Sans doute, je n'ignore pas que toutes les révolutions se tiennent, et que la révolte de l'individu contre l'État embrasse la cause du forçat ou de tout autre réprouvé, aussi bien que celle de la prostituée ; néanmoins je n'en suis pas moins saisi d'admiration pour les vaillants qui combattent le bon combat dans leur étroit champ clos. Je les salue avec émotion et je me dis « Sachons les égaler sur notre champ de bataille plus vaste, qui comprend la terre entière ! »

En effet, l'évolution embrasse l'ensemble des choses humaines et la révolution doit l'embrasser aussi, bien qu'il n'y ait pas toujours un parallélisme évident dans les événements partiels dont se compose l'ensemble du mouvement. Tous les progrès sont solidaires, et nous les désirons tous dans la mesure de nos connaissances et de notre force : progrès sociaux et politiques, moraux et matériels, de science, d'art ou d'industrie. Évolutionnistes en toutes choses, nous sommes également révolutionnaires en tout, sachant que l'histoire même n'est que la série des accomplissements, succédant à celle des préparations. La grande évolution intellectuelle qui émancipe les esprits doit aussi émanciper en fait les individus dans tous leurs rapports avec les autres individus.

On peut dire ainsi que l'évolution et la révolution sont les deux actes successifs d'un même phénomène, l'évolution précédant la révolution, et celle-ci précédant une évolution nouvelle, mère de révolutions futures. Un changement peut-il se faire sans amener de soudains déplacements d'équilibre dans la vie ? La révolution ne doit-elle pas nécessairement succéder à l'évolution, de même que l'acte succède à la volonté d'agir ? L'un et l'autre ne diffèrent que par l'époque de leur apparition. Qu'un éboulis barre une rivière, les eaux s'amassent peu à peu au-dessus de l'obstacle, un lac se formera par une lente évolution, puis tout à coup une infiltration se produira dans la digue d'aval, la chute d'un caillou décidera du cataclysme, l'obstacle sera violemment emporté et le lac vidéredeviendra rivière : ainsi aura lieu une petite révolution terrestre.

Si la révolution est toujours en retard sur l'évolution, la cause en est à la résistance des milieux : l'eau d'un courant bruit entre ses rivages parce que ceux-ci la retardent dans sa marche ; les vagues de la mer se brisent avec fracas sur les écueils et la foudre roule dans le ciel parce que l'atmosphère s'est opposée à l'étincelle sortie du nuage. Chaque transformation de la matière, chaque réalisation d'idée est dans la période même du changement contrariée par l'inertie du milieu, et le phénomène nouveau ne peut s'accomplir que par un effort d'autant plus violent ou par une force d'autant plus puissante, que la résistance est plus grande. Herder parlant de la Révolution française l'a déjà dit : « La semence tombe dans la terre, longtemps elle parait morte, puis tout à coup elle pousse son aigrette, puis elle déplace la terre dure qui la recouvrait, elle fait violence à l'argile ennemie, et la voilà qui devient plante, qui fleurit et mûrit son fruit ». Et l'enfant, comment naît-il ? Après avoir séjourné neuf mois dans les ténèbres du ventre maternel, c'est aussi avec violence qu'il s'échappe en déchirant son enveloppe, et parfois même en tuant sa mère. Telles sont les révolutions, conséquences forcées des évolutions qui les ont précédées.

Toutefois les révolutions ne sont pas nécessairement un progrès, de même que les évolutions ne sont pas toujours orientées vers la justice. Tout change, tout se meut dans la nature d'un mouvement éternel, mais s'il y a progrès il peut y avoir aussi recul, et si les évolutions tendent vers un accroissement de vie, il y en a d'autres qui tendent vers la mort. L'arrêt est impossible, il faut se mouvoir dans un sens ou dans une autre, et le réactionnaire endurci le libéral douceâtre qui poussent des cris d'effroi au mot de révolution, marchent vers une révolution, celle de la mort. La maladie, la sénilité, la gangrène sont des évolutions au même titre que la puberté. L'arrivée des vers dans le cadavre comme le premier vagissement de l'enfant, indique qu'une révolution s'est faite. La physiologie, l'histoire sont là pour nous montrer qu'il est des évolutions qui s'appellent décadence et des révolutions qui sont la mort.

L'histoire de l'Humanité, bien qu'elle ne nous soit à demi connue que pendant une courte période de quelques milliers d'années, nous offre déjà des exemples sans nombre de peuplades et de peuples, de cités et d'empires qui ont misérablement péri à la suite

Élisée Reclus

de lentes évolutions entraînant leur chute. Multiples sont les faits de tout ordre qui ont pu déterminer ces maladies de nations, de races entières. Cependant il est une cause majeure, la cause des causes dans laquelle se résume l'histoire de la décadence. Elle réside dans la constitution d'une partie de la société en maîtresse de l'autre partie, dans l'accaparement de la terre, des capitaux, du pouvoir, de l'instruction, des honneurs par quelques-uns ou par une aristocratie. Dès que la foule imbécile n'a plus le ressort de la révolte contre ce monopole d'un petit nombre d'hommes, elle est virtuellement morte et sa disparition n'est plus qu'une affaire de peu de temps. La peste noire arrive bientôt pour nettoyer tout cet inutile pullulement d'individus sans liberté ; les massacreurs accourent de l'Orient ou de l'Occident, et le désert se fait à la place des cités immenses. Ainsi moururent l'Assyrie et l'Égypte, ainsi s'effondra la Perse, et quand font l'Empire romain appartint à quelques grands propriétaires, le barbare eut bientôt remplacé le prolétaire asservi.

Mais il n'est pas un événement qui ne soit double, à la fois un phénomène de mort et un phénomène de renouveau, c'est-à-dire la résultante complexe d'évolutions de décadence et de progrès. Ainsi cette destruction de l'Empire romain est un ensemble de révolutions correspondant à toute une série d'évolutions dont les unes ont été funestes et les autres heureuses. Certes, ce fut un grand soulagement pour les opprimés que la ruine de cette formidable machine d'écrasement qui pesait sur le monde ; ce fut aussi une heureuse étape dans l'histoire de l'Humanité que cette entrée violente de tous les peuples du nord dans le monde de la civilisation, mais à despotisme succéda despotisme, d'une religion morte poussèrent les rejetons d'une religion nouvelle, et pendant un millier d'années, une nuit d'ignorance et de sottise propagée par les moines se répandit sur la terre.

De même, les autres mouvements historiques se présentent sous deux faces, suivant les mille éléments qui les composent et dont les conséquences multiples se montrent dans les révolutions politiques et sociales. L'exemple même de la Révolution qui mit un terme au moyen-âge et à ta nuit de la pensée, nous montre comment deux révolutions peuvent s'accomplir à la fois, l'une cause de décadence et l'autre de progrès. La période de la Renaissance qui retrouva les

monuments de l'antiquité, qui déchiffra ses livres et ses enseignements, qui dégagea la science des formules superstitieuses et lança
de nouveau les hommes dans la voie des études désintéressées, eut
aussi pour contre-coup dans le monde religieux cette scission du
christianisme à laquelle on a donné le nom de Réforme. Il a semblé
longtemps naturel de voir simplement dans cette révolution une
des crises bienfaisantes de l'Humanité, résumée par la conquête du
droit d'initiative individuelle, par l'émancipation des esprits que les
prêtres avaient tenus dans une servile ignorance : on crut que désormais les hommes seraient leurs propres maîtres, égaux les uns
des autres par l'indépendance de la pensée. Mais on sait maintenant que la Réforme fut aussi la constitution d'églises autoritaires
en face de l'autre église qui jusque-là avait possédé le monopole
de l'asservissement intellectuel. La Réforme déplaça les fortunes
et les prébendes au profit du pouvoir nouveau, et de part et d'autre
naquirent des ordres, jésuites et contre-jésuites pour exploiter le
peuple sous des formes nouvelles. Luther et Calvin parlèrent le
même langage d'intolérance féroce à l'égard de ceux qui ne par-
tageaient pas leur manière de voir. Comme l'Inquisition, ils firent
écarteler et brûler ; leur doctrine fut une doctrine d'asservissement
et de lâcheté. Sans doute, il existe une différence entre le protestant
et le catholique : (je parle de ceux qui le sont en toute sincérité,
et non par simple convenance de famille). Celui-ci est plus naï-
vement crédule, aucun miracle ne l'étonne ; celui-là fait un choix
parmi les mystères et tient avec d'autant plus de ténacité à ceux
qu'il croit avoir sondés : il voit dans sa religion une affaire person-
nelle. En cessant de croire, le catholique cesse d'être chrétien ; en
changeant de système, le protestant ne fait que changer de secte, il
reste chrétien, inconvertissable mystique.

En continuant, nous arrivons à la grande époque évolutionnaire
dont la Révolution américaine et la Révolution française furent
les sanglantes crises. Ah ! là du moins, semble-t-il, la révolution
fut tout à l'avantage du peuple, et ces grandes dates de l'histoire
doivent être comptées comme inaugurant la naissance nouvelle de
l'Humanité. Les conventionnels voulurent commencer l'histoire
au premier jour de leur constitution, comme si les siècles anté-
rieurs n'avaient pas existé, et que l'homme politique pût vraiment
daté son origine de la proclamation de ses droits. Certes, cette pé-

riode de l'histoire est une grande époque dans la vie des nations, un espoir immense se répandit alors par le monde, la pensée libre prit un essor qu'elle n'avait jamais eu, les sciences se renouvelèrent, l'esprit de découverte agrandit à l'infini les bornes du monde, et jamais on ne vit un tel nombre d'hommes transformés par un idéal nouveau, faire avec plus de simplicité le sacrifice de leur vie. Mais cette révolution, nous le voyons maintenant, n'était point la révolution de tous, elle fut celle de quelques-uns pour quelques-uns ; le droit de l'homme resta purement théorique, la garantie de la propriété privée que l'on proclamait en même temps, le rendait illusoire. Une nouvelle classe de jouisseurs avides, enthousiastes, se mit à l'œuvre d'accaparement, la Bourgeoisie remplaça la classe usée déjà sceptique et pessimiste de la vieille noblesse, et les nouveaux-venus se mirent avec une ardeur et une science que n'avaient jamais eues les anciennes classes dirigeantes à exploiter la foule de ceux qui ne possédaient point. C'est au nom de la liberté, de l'égalité, de la fraternité que se firent désormais toutes les scélératesses. C'est pour émanciper le monde que Napoléon traînait derrière lui un million d'égorgeurs, c'est pour faire le bonheur de leurs chères patries respectives que les capitalistes constituent ces vastes propriétés, bâtissent les grandes usines, établissent ces puissants monopoles qui recréent sous une forme nouvelle l'esclavage d'autrefois.

Ainsi toutes les révolutions ont été doubles : on peut dire que l'histoire offre en toutes choses son revers et son endroit, et nous qui ne voulons pas nous payer de mots, nous devons étudier avec une implacable critique, tous les faits qui se sont accomplis, percer à jour les hommes qui prétendent s'être dévoués pour notre cause. Il ne suffit pas de crier : Révolution, Révolution ! pour que nous marchions aussitôt derrière celui qui veut nous entraîner. Sans doute, quand on ignore la vérité, il est naturel qu'on suive son instinct. On comprend très bien que le taureau affolé se précipite sur un chiffon rouge et que le peuple toujours opprimé se rue avec fureur contre le premier venu qu'on lui désigne. Une révolution quelconque, si minime qu'elle soit en réalité, a toujours cela de bon qu'elle est un témoignage de force, mais le temps est venu que ce témoignage ne soit pas celui d'une force aveugle et que les évolutionnaires, arrivant enfin à la pleine conscience de ce qu'ils veulent réaliser dans la révolution prochaine, ne se précipitent pas au hasard donnant de la corne à droite et à gauche comme des animaux insensés.

On peut dire que jusqu'à maintenant aucune révolution n'a été complètement spontanée, et c'est pour cela qu'aucune n'a complètement triomphé. Tous ces grands mouvements, sans exception, ont été plus ou moins dirigés et par conséquent ils n'ont réussi que pour les directeurs. C'est une classe qui a fait la Réforme et qui en a recueilli les avantages, c'est une classe qui a fait la Révolution française et qui en exploite les profits, mettant en coupe réglée tous les malheureux qui l'ont servie pour lui procurer la victoire.

Aussi chaque révolution eut-elle son lendemain. La veille, on poussait le populaire au combat, le lendemain on l'exhortait à la sagesse ; la veille on l'assurait que l'insurrection est le plus sacré des devoirs, et le lendemain on lui prêchait que le roi est la meilleure des républiques, ou que le parfait dévouement consiste à mettre trois mois de misère au service de la Bourgeoisie. De révolution en révolution le cours de l'histoire ressemble à celui d'un fleuve arrêté de distance en distance par des écluses. Chaque gouvernement, chaque parti vainqueur essaie à son tour d'endiguer le courant pour l'utiliser à droite et à gauche dans ses prairies ou dans ses moulins. Nous verrons s'il en sera toujours ainsi et si le peuple consentira sans cesse à faire la révolution non pour lui, mais pour quelque habile soldat, avocat ou banquier.

Cet éternel va et vient qui nous montre dans le passé la série des révolutions partiellement avortées, le labeur infini des générations qui se succèdent à la peine, roulant sans cesse le rocher qui les écrase, cette ironie du destin qui montre des captifs brisant leurs chaînes pour se laisser ferrer à nouveau, tout cela est la cause d'un grand trouble moral, et, parmi les nôtres, nous en avons déjà vu beaucoup qui, perdant tout espoir et fatigués avant d'avoir combattu, se croisent les bras et se livrent à leur sort en abandonnant leurs frères. C'est qu'ils ne savent pas, ou qu'ils ne savent qu'à demi : ils ne voyaient pas encore le chemin qu'ils avaient à suivre ou espéraient s'y faire transporter par le sort comme un navire dont un vent favorable gonfle les voiles : ils voulaient réussir non de par une implacable volonté, mais de par leur bon droit et de par la chance, semblables aux mystiques qui marchent sur la terre et veulent se faire guider par une étoile qui brille dans le ciel.

Toutefois la période du pur instinct est dépassée maintenant ; les révolutions ne se feront plus au hasard, uniquement parce que l'oppression est gênante, elles se feront de plus en plus avec un but déterminé et suivant une méthode précise. On croyait autrefois que les événements se succédaient sans ordre, mais on apprend à en reconnaître la logique inexorable. Nous savons désormais qu'il existe une science sociale et nous comptons bien nous en servir contre nos ennemis pour hâter le jour de la délivrance finale.

Le premier fait mis en lumière par cette science est que la société se renouvelle sans cesse, et que toute tentative d'arrêt brusque dans l'évolution ou de conservation de choses déjà vécues, est une utopie ou un crime. Un des coryphées du monde réactionnaire, digne continuateur des académies qui maudissaient les enseignements impies des Copernic et des Galilée et tournaient en dérision la doctrine de la circulation du sang, le grand savant Lombroso voit autant de fous dans tous les novateurs et pousse l'amour de la stabilité sociale jusqu'à signaler comme des criminels politiques tous ceux qui critiquent les choses existantes, tous ceux qui s'élancent vers l'inconnu ; et pourtant il avoue que lorsqu'une idée nouvelle a fini par l'emporter dans l'esprit de la majorité des hommes, il faut s'y conformer pour ne pas devenir révolutionnaire en s'opposant au consentement universel : mais en attendant cette révolution fatale, il demande que les évolutionnaires soient traités comme des criminels Fou lui-même, cet homme qui trouve tant de fous de par le monde, veut que l'on punisse des actions qui demain seront louées de tous comme les produits de la plus pure morale : il eût fait boire la ciguë à Socrate, il eût mené Jean Hüss au bûcher ; à plus forte raison eût-il guillotiné Babeuf, car de nos jours, Babeuf serait encore un novateur ; il nous voue à toutes les fureurs de la vindicte social, non parce que nous avons tort, mais parce que nous avons raison trop tôt.

Quant à nous, il nous suffit de chercher à avoir de plus en plus raison. Nous arriverons à la paix sociale par l'étude approfondie des lois naturelles et de l'histoire, de tous les préjugés dont nous avons à nous défaire, de tous les éléments hostiles qu'il nous faut écarter, de tous les dangers qui nous menacent, de toutes les ressources dont nous pouvons disposer. Nous avons l'échiquier devant nous. Il faut gagner la partie.

Quel est d'abord notre objectif révolutionnaire ? Tous, amis et ennemis savent qu'il ne s'agit plus de petites révolutions partielles, mais bien d'une révolution générale. C'est dans l'ensemble de la société, dans toutes ses manifestations que se prépare le changement. Les conservateurs ne s'y sont point trompés quand ils ont donné aux révolutionnaires le nom général « d'ennemis de la religion, de la famille et de la propriété ; » ils auraient pu nous dire aussi les ennemis de la patrie politique. Oui, les anarchistes repoussent l'autorité du dogme et l'intervention du surnaturel dans la nature, et, en ce sens, quelle ferveur qu'ils apportent dans la lutte pour leur idéal de fraternité et de solidarité, ils sont ennemis de la religion. Oui, ils veulent la suppression du trafic matrimonial, ils veulent les unions libres, ne reposant que sur l'affection mutuelle, le respect de soi et de la dignité d'autrui, et, en ce sens, si aimants et si dévoués qu'ils soient pour ceux dont la vie est associée à la leur, ils sont bien les ennemis de la famille. Oui, ils veulent supprimer l'accaparement de la terre et de ses produits pour les rendre tous, et, en ce sens, si heureux qu'ils soient d'assurer à tous la jouissance des fruits du sol, ils sont les ennemis de la propriété. Enfin, si profond que soit leur sentiment de solidarité pour ceux qui les entourent, si vif que soit leur désir de voir leur village et leur pays heureux, si douce à leurs oreilles que soit la langue maternelle, ils ne haïssent point l'étranger, ils voient un frère en lui, et revendiquent pour lui comme pour eux la même justice, la même liberté, et, en ce sens, ils sont ennemis de la patrie.

Que nous faut-il donc pour atteindre le but ? Il faut avant tout nous débarrasser de notre ignorance, car l'homme agit toujours, et ce qui lui a manqué jusqu'ici est d'avoir bien dirigé son action.

Nous voulons savoir. Nous n'admettons pas que la science soit un privilège, et que des hommes quelconques, haut perchés sur une montagne comme Moïse, sur un trône comme Marc-Aurèle, sur un Olympe ou sur un Parnasse on carton, ou simplement sur un fauteuil académique, nous dictent des lois en se targuant d'une connaissance supérieure des lois éternelles. Il est certain que parmi les gens qui pontifient dans les hauteurs, il en est qui peuvent

Élisée Reclus

traduire convenablement le chinois, ou lire les cartulaires des temps mérovingiens ou disséquer l'appareil digestif des punaises ; mais l'admiration même que nous avons pour ces grands hommes ne nous empêche pas de discuter en toute liberté les paroles qu'ils daignent nous adresser de leur empyrée. Nous n'acceptons pas de vérité promulguée : nous la faisons nôtre d'abord par l'étude et par la discussion, et nous apprenons rejeter l'erreur, fût-elle mille fois estampillée et patentée. Que de fois en effet, le peuple ignorant a-t-il dû reconnaître que ses savants éducateurs n'avaient d'autre science à lui enseigner que celle de marcher paisiblement et joyeusement à l'abattoir, comme ce bœuf des fêtes que l'on couronne de guirlandes en papier doré.

Notre commencement de savoir, nos petits rudiments de connaissances historiques nous disent qu'il ne faut point tolérer de maîtres, et qu'à tout ordre il faut répondre par la révolte. L'histoire, si loin que nous remontions dans le passé, si diligemment que nous étudions autour de nous les sociétés et les peuples, civilisés ou barbares, policés ou primitifs, l'histoire nous dit que toute obéissance est une abdication, que toute servitude est une mort anticipée ; elle nous dit aussi que tout progrès s'est accompli en proportion de la liberté, de l'égalité et de l'accord spontané des citoyens ; tout siècle de découvertes, nous le savons, est un siècle pendant lequel le pouvoir religieux et politique se trouvait affaibli par des compétitions, et où l'initiative humaine avait pu trouver une brèche pour se glisser, comme une touffe d'herbes croissant à travers les pierres descellées d'un palais.

Nos études, si peu avancées qu'elles soient encore, nous ont appris aussi que des institutions suffisent pour créer des maîtres, quand même le mot de liberté serait inscrit sur toutes les murailles et que l'hymne de *Guerre aux Tyrans* résonnerait dans les rues. Sans être institué de droit divin, le maître peut le devenir également de par la volonté populaire. C'est au nom du peuple que le magistrat prononce des arrêts, mais sous prétexte qu'il défend la morale, il n'en est pas moins investi du pouvoir d'être criminel lui-même, de condamner l'innocent au bagne et de glorifier le méchant ; il dispose du glaive de la loi, il tient les clefs de la prison et dresse les guillotines ; il fait l'éducation du policier, du mouchard, de l'agent des mœurs ; c'est lui qui forme ce joli monde, ce qu'il y a de plus sale et de plus écœurant dans la fange et dans l'ordure.

Autre institution, l'armée, qui est censée n'être que le « peuple armé ! » mais nous avons appris par une dure expérience que si le personnel des soldats s'est renouvelé, le cadre est resté le même et que le principe n'a pas changé. Les hommes n'ont pas été achetés directement en Suisse ou en Allemagne : ce ne sont plus des lansquenets et des reîtres, mais en sont-ils plus libres ? Les cinq cent mille « baïonnettes intelligentes » qui composent l'armée de la République française ont-elles le droit de manifester cette intelligence quand le caporal, le sergent, toute la hiérarchie de ceux qui commandent ont prononcé « Silence dans les rangs ! » Telle est la formule par excellence, et ce silence doit-être en même temps celui de la pensée. Quel est l'officier, sorti de l'école ou sorti des rangs, noble ou roturier, qui pourrait tolérer un instant que dans toutes ces caboches alignées devant lui pût germer une pensée différente de la sienne ? C'est dans sa tête, dans sa volonté que réside la force collective de toute la masse animée qui parade et défile à son geste, au doigt et à l'œil. Il commande ; à eux d'obéir. « En joue ! Feu ! » et il faut tirer sur le Tonkinois ou sur le Nègre, sur le Bédouin de l'Atlas on sur celui de Paris, sur l'ennemi et sur l'ami ! « Silence dans les rangs ! » Et si chaque année, les nouveaux contingents que l'armée dévore, s'immobilisent comme le veut le principe absolu de la discipline, n'est-ce pas une espérance vaine que d'attendre une réforme, une amélioration quelconque dans le régime inique sous lequel le pauvre est écrasé ?

Et de toutes les autres institutions dites libérales, ou « protectrices » ou « tutélaires », n'en est-il pas comme de la magistrature et de l'armée ? Ne sont-elles pas fatalement, de par leur fonctionnement même, autoritaires, abusives, malfaisantes ? Elles n'attendent pas d'être fondées officiellement ou d'être établies par la volonté d'un prince ou par le vote d'un peuple, pour essayer de s'agrandir aux dépens de la société, et d'établir le monopole à leur profit. Ainsi l'esprit de corps entre gens qui sortent d'une même école fait d'avance de tous les camarades autant de conspirateurs contre le bien public, autant d'hommes de proie lignés pour détrousser les passants et se partager le butin. Voyez-les déjà, les futurs fonctionnaires, au collège avec leur képi numéroté ou dans quelque université avec leurs casquettes blanches ou vertes : peut-être n'ont-ils

Élisée Reclus

prêté aucun serment en endossant l'uniforme, mais s'ils n'ont pas juré, ils n'en agissent pas moins suivant l'esprit de caste, bien résolus à prendre toujours les meilleurs parts. Essayez de rompre le « monôme » des anciens polytechniciens, afin qu'un homme de mérite puisse se mettre dans leurs rangs et arrive à partager les mêmes fonctions ou les mêmes honneurs ! Jamais vous n'y parviendrez. Plutôt mourir, que d'accepter l'intrus ! Que l'ingénieur, feignant de savoir son métier, fasse des ponts trop courts ou des tunnels trop bas, peu nous importe, mais avant tout qu'il sorte de l'École.

Ainsi le révolutionnaire en sait assez pour se méfier à bon droit de tout pouvoir déjà constitué ou seulement en germe. Il en sait également assez pour se méfier des mots plus ou moins grandioses qu'on a pu lui enseigner et qui d'ordinaire cachent un redoutable piège. On lui parle de « patriotisme », mais il commence à savoir que ce mot représente pour le naïf une duperie pure ; il apprend mieux de jour en jour que le patriotisme se prêche pour servir l'ensemble des intérêts et des privilèges de la classe dirigeante et qu'il doit engendrer, au profit de cette classe, la haine de frontière à frontière entre tous les faibles et les déshérités. On lui parle aussi d'ordre et de paix sociale. Sans doute, la paix sociale est un grand idéal à réaliser, à une condition pourtant : que cette paix soit celle de la vie et non celle du tombeau ; qu'elle soit l'effet non de la domination indiscutée des uns et de l'asservissement sans espoir des autres, mais de la bonne et franche égalité entre compagnons. Voilà ce que sait l'anarchiste sans avoir passé par les Universités ; de raisonnement aussi bien que d'instinct il sait que toute évolution doit se compléter par une révolution, et il se tient toujours prêt pour le changement.

Enfin il est une chose d'ordre capital que le peuple a bien apprise. C'est que la terre est dès maintenant riche et plus que riche pour subvenir abondamment à tous les besoins de l'Humanité. « Il y aura toujours des pauvres avec vous ! » aiment à répéter les ventrus, surtout les ventrus à à barbe huileuse comme on en trouve tant dans le monde des jésuites protestants. Cette parole, disent-ils, est tombée de la bouche de leur dieu et ils la répètent en tournant les yeux et en parlant du fond de la gorge pour lui donner plus de solennité. Et c'est même parce que cette parole était censée divine que les pauvres aussi, dans le temps de leur pauvreté intellectuelle, comprenaient l'impuissance de tous leurs efforts pour arriver au bien-être : se sentant perdus dans ce monde, ils regardaient vers le monde de l'au-delà. « Peut-être, se disaient-ils, mourrons-nous de faim sur cette terre de larmes, mais à côté de Dieu, dans ce ciel glorieux, où nous aurons le nimbe du soleil autour de nos fronts, et où la voie lactée sera notre tapis, là-haut nous n'aurons plus besoin de nourriture comestible, et nous aurons la jouissance d'entendre les hurlements du mauvais riche à jamais rongé par lu faim ». Maintenant quelques malheureux peut-être, se laissent encore mener par ces hallucinations, mais la plupart, devenus plus sages, ont maintenant les yeux tournés vers le pain de cette terre qui donne la vie matérielle, qui fait de la chair et du sang, et ils en veulent leur part. Nombreux sont ceux qui même savent que leur vouloir est justifié par la richesse surabondante de la terre.

Longtemps nous avons cru avec les savants trompeurs que la misère était fatale, que si les malheureux mouraient, c'est qu'en réalité il n'y avait pas assez de produits pour subvenir aux nécessités de tous les hommes. On voyait d'un côté la tourbe des pauvres faméliques, de l'autre côté quelques rares privilégiés mangeant à leur faim et s'habillant à leur fantaisie, et on s'imaginait en toute naïveté qu'il ne pouvait en être autrement ! Il est vrai qu'en temps d'abondance, il eût été possible de partager et qu'en temps de disette tout le monde eût pu se mettre de concert à la ration, mais pareille façon d'agir qui demandait dans l'ensemble de la société un lien de solidarité fraternelle ne paraissait pas encore possible, et le malheureux acceptait son infortune avec résignation. Cette terrible loi de Malthus qui avait été formulée comme une loi mathématique et qui semblait enfermer la société dans les formidables mâchoires de son syllogisme, était acceptée non seulement par les pontifes de la science économique, mais surtout par les victimes de l'économie sociale. Tous les misérables répétaient mélancoliquement le vers de Gilbert :

Au banquet de la vie, infortuné convive !

Ils croyaient savoir, les pauvres gens, qu'il n'y avait point de place pour eux. La science n'avait-elle soufflé dans la trompette du jugement dernier en proclamant que les hommes croissent en nombre plus rapidement que les subsistances, et que par conséquent une élimination annuelle des individus surnuméraires était indispensable. L'Humanité devait être mise en coupe réglée et, si on les en avait priés, ces messieurs auraient certainement poussé la condescendance jusqu'à fixer le nombre des victimes qu'il aurait fallu sacrifier chaque année aux dieux de l'industrie. Spectacle touchant si les ouvriers s'étaient d'eux-mêmes offerts à la mort au lieu de mourir obscurément ! On eût pu faire des discours académiques pour glorifier leur dévouement et jeter sur leurs corps quelques rosés effeuillées.

Mais si les sacrifices édictés par les dignitaires de l'économie politique ne se sont pas faits sous formes de cérémonies publiques, de fêtes nationales, ils n'en ont pas moins eu lieu et d'une manière infiniment plus large que les pessimistes les plus sombres se l'imaginent. Ce ne sont pas des milliers, mais des millions de vies que réclame annuellement le dieu de Malthus. Il est pourtant facile de calculer approximativement le nombre de ceux que la destinée économique a condamnés à mort depuis le jour où le sombre théologien a proclamé sa prétendue loi. Durant ce siècle, trois générations se sont succédé en Europe. Or, en consultant les tables de mortalité, on voit que la vie moyenne des gens riches qui ont toujours eu leurs aises (par exemple les lords d'Angleterre), dépasse toujours soixante ans et atteint même soixante-dix ans. Ces gens ont pourtant, de par l'inégalité même, bien des raisons de ne pas fournir leur carrière normale : le vice les sollicite et les corrompt sous toutes les formes ; mais le bon air, la bonne chère, la variété dans les occupations les guérissent et les renouvellent. Les gens asservis à un travail qui est la condition même de leur existence, sont au contraire, condamnés d'avance, pris en masse, (abstraction faite de ceux qui meurent plus tôt ou plus tard), à succomber, suivant les pays de l'Europe, entre vingt et quarante ans, soit à trente en moyenne. C'est dire qu'ils fournissent seulement la moitié d'ans qui leur seraient dévolus s'ils vivaient en liberté, maîtres de choisir leur séjour et leur œuvre. Ils meurent donc précisément à l'heure où leur existence devrait atteindre toute son intensité, et chaque année, quand on fait le compte des morts, il est juste double de ce qu'il devrait être dans une société d'égaux. Ainsi la mortalité de l'Europe ayant été de douze millions d'hommes en 1800, on peut dire sans erreur possible que six millions d'entr'eux ont été tués par les conditions sociales qui règnent dans notre milieu barbare ; six millions ont péri par manque d'air pur, de nourriture saine, d'hygiène convenable, de travail harmonique. Eh bien ! comptez les morts depuis que Malthus a parlé, prononçant d'avance sur l'immense hécatombe son oraison funèbre ! N'est-il pas vrai que toute une moitié de l'Humanité dite civilisée se compose de gens qui ne sont pas invités au banquet social ou qui n'y ont place que pour un temps et meurent la bouche contractée par les désirs inassouvis. La mort préside au repas, et de sa faulx elle écarte les tard-venus.

La situation est donc atroce, mais une immense évolution s'est accomplie, annonçant la révolution prochaine. Cette évolution, c'est que toute l'abominable « science » économique, prophétisant le manque de ressources et la mort inévitable des faméliques, a été percée à jour, et que l'Humanité souffrante, se croyant pauvre naguère, a découvert sa richesse infinie. La terre est assez vaste pour nous porter tous sur son sein, elle est assez riche pour nous faire vivre dans l'aisance. Elle peut donner assez de moissons pour que tous aient à manger ; elle fait naître assez de plantes fibreuses pour que tous aient à se vêtir ; elle contient assez de pierres et d'argile pour que tous puissent avoir des maisons. Tel est le fait économique dans toute sa simplicité. Non seulement ce que la terre produit suffirait à la consommation de ceux qui l'habitent, mais elle suffirait si la consommation doublait tout à coup, et cela quand même la science n'interviendrait pas pour faire sortie l'agriculture de ses procédés empiriques et mettre à son service toutes les ressources fournies maintenant par la chimie, la physique, la météorologie, la mécanique, etc. L'Humanité étant assimilée à une grande famille, la faim n'est pas seulement un crime, elle est encore une absurdité, puisque les ressources dépassent deux fois les nécessités de la consommation. Tout l'art actuel de la répartition, livrée au caprice individuel et à la concurrence effrénée des spéculateurs et des commerçants, consiste à faire hausser les prix, en retirant les produits à ceux qui les auraient pour rien et en les portant à ceux qui les paient cher : mais dans ce va-et-vient des denrées et des marchandises, les objets se gaspillent, se corrompent et se perdent. Les pauvres loqueteux qui passent devant les grands entrepôts le savent. Ce ne sont pas les paletots qui manquent pour leur couvrir le dos, ni les souliers pour chausser leurs pieds, ni les bons fruits, ni tes boissons chaudes pour leur restaurer l'esto-

Élisée Reclus

mac. Tout est en abondance et en sur abondance, et pendant qu'ils errent çà et là, jetant des regards affamés autour d'eux, le marchand se demande comment il pourra faire enchérir tous ses produits, au besoin même en en diminuant la quantité. Mais le fait subsiste, la constance d'excédent pour les produits ! Et pourquoi messieurs les économistes ne commencent-ils pas leurs ouvrages en constatant ce fait capital ? Et pourquoi faut-il que ce soit à nous, révoltés, à le leur apprendre ? Et comment expliquer que les ouvriers sans culture, conversant après le travail de la journée, en sachent plus long à cet égard que les élèves les plus savants de l'École des Sciences morales et politiques ?

Ainsi, sans paradoxe aucun, le peuple — ou tout au moins la partie du peuple qui a le loisir de penser — en sait d'ordinaire beaucoup plus long que la plupart des savants ; il ne connaît pas les détails à l'infini, il n'est pas initié à mille formules de grimoire ; il n'a pas la tête remplie de noms en toute langue comme un catalogue de bibliothèque, mais son horizon est plus large, il voit plus loin dans les origines barbares et plus loin dans l'avenir transformé ; il a une compréhension meilleure de la succession des événements ; il prend une part plus consciente aux grands mouvements de l'histoire ; il connaît mieux la richesse du globe : il est plus homme enfin. À cet égard, on peut dire que tel camarade anarchiste de notre connaissance, jugé digne par la société d'aller mourir en prison, est réellement plus savant que toute une académie ou que toute une bande d'étudiants frais émoulus de l'Université, bourrés de faits scientifiques. Le savant a son immense utilité comme carrier : il extrait les matériaux, mais ce n'est pas lui qui les emploie ; c'est au peuple qu'il appartient d'élever l'édifice. Si l'instruction ne se donnait que dans l'école, les gouvernements pourraient espérer encore de maintenir les esprits dans la servitude, mais c'est en dehors de l'école que l'on s'instruit le plus, dans la rue, dans l'atelier, devant les baraques de foire, au théâtre, dans les wagons de chemins de fer, sur les bateau à vapeur, devant les paysages nouveaux, dans les villes étrangères. Tout le monde voyage maintenant, soit par luxe, soit par nécessité. Pas une réunion dans laquelle ne se rencontrent des gens ayant vu la Russie, l'Australie, l'Amérique, et si les circumnavigateurs de la terre sont encore l'exception, il n'est pour ainsi dire aucun homme qui n'ait assez voyagé pour voir au moins les contrastes du champ à la cité, de la montagne à la plaine, de la terre ferme à la mer. Les riches, cela va sans dire, ont de tout autres facilités que les pauvres pour parcourir le monde, mais ils voyagent d'ordinaire sans méthode et comme en surface ; en changeant de pays, ils ne changent pas de milieu ; ils sont toujours chez eux pour ainsi dire ; le luxe, les jouissances des hôtels ne leur permettent pas d'apprécier les différences essentielles de terre à terre, de peuple à peuple ; le pauvre qui se heurte aux difficultés de la vie, est celui qui, sans cicerone, peut le mieux observer et retenir. Et la grande école du monde extérieur ne montre-t-elle pas également les prodiges de l'industrie humaine aux pauvres et aux riches, à ceux qui ont produit ces merveilles par leur travail et à ceux qui en profitent ? Chemins de fer, télégraphes, béliers hydrauliques, perforatrices, jets de lumière s'élançant du sol, le malheureux voit ces choses aussi bien que le puissant et son esprit n'en est pas moins frappé. Pour la jouissance de quelques-unes de ces conquêtes de la science, le privilège a disparu. Menant sa locomotive à travers l'espace, doublant sa vitesse et en arrêtant l'allure à son gré, le mécanicien se croit-il l'inférieur du souverain qui roule derrière lui dans un wagon doré, mais qui n'en tremble pas moins, sachant que sa vie dépend d'un jet de vapeur, d'un mouvement de levier ou d'un pétard de dynamite !

La vue de la nature et des œuvres humaines, la pratique de la vie, voilà les collèges où se fait la véritable éducation des sociétés contemporaines. Les écoles proprement dites ont une importance relative bien moindre ; cependant elles ont subi leur évolution dans le sens de l'égalité. Il fut un temps, et ce temps n'est pas encore bien éloigné de nous, où toute l'éducation consistait en simples formules, en phrases mystiques, en extraits de livres vénérés. Entrez dans une de ces écoles de musulmans, ouvertes à côté des mosquées : vous y verrez des enfants passant des heures entières à épeler ou à réciter des versets du Koran. Entrez dans une école de prêtres chrétiens, protestants et catholiques, et vous entendrez de niaises cantilènes, des récitations absurdes, en latin ou en français incompréhensible. Mais voici que dans quelques-unes de nos écoles, par l'effet de la pression d'en bas, un nouvel enseignement commence à se mêler à ces tristes routines ; au lieu d'y réciter seulement des formules, on y expose maintenant des faits,

Élisée Reclus

on y montre des rapports, on y signale des lois. Quels que soient les commentaires dont l'instituteur routinier accompagne ce qu'il enseigne,les nombres n'en restent pas moins incorruptibles. Quelle éducation prévaudra ? Celle d'après laquelle deux et deux font toujours quatre, et qui prétend que rien ne se crée de rien, ou bien l'ancienne éducation dont il reste partout des traces, et d'après laquelle tout sort du néant et trois personnes n'en font qu'une ?

Il est vrai : l'école primaire n'est pas tout il ne suffit pas d'entrevoir la science, il faut pouvoir se dévouer à l'étude. Aussi l'éducation socialiste demande-t-elle que l'école soit en permanence pour tous les hommes, et qu'après avoir reçu des « clartés de tout » dans les établissements publics, chacun de nous puisse se développer intégralement, en proportion de ses forces intellectuelles, dans la vie qu'il aura librement choisie. Mais avec ou sans écoles, toute grande conquête de la science finit par entrer dans le domaine public. Les savants de profession ont à faire pendant de long siècles le travail de recherches et de suppositions, ils ont à se débattre au milieu des erreurs et des faussetés ; mais quand la vérité est enfin connue, souvent malgré eux et grâce à quelques révolutionnaires conspués, elle se révèle dans tout son état, simple et claire. Tous la comprennent sans effort ; il semble qu'on l'ait toujours connue. Jadis les savants s'imaginaient que le ciel était une coupole ronde, un toit de métal, — que sais-je ? — une série de voûtes trois, sept, neuf, treize même ayant chacune leurs processions d'astres, leurs lois différentes, leur régime particulier et leurs troupes d'anges et d'archanges pour les garder. Mais depuis que tous ces cieux superposés dont parlent la Bible et le Talmud ont été démolis, il n'est pas un enfant nul ne sache que l'espace est libre, infini autour de la Terre. C'est à peine s'il l'apprend. C'est là une vérité qui fait désormais partie de l'héritage universel.

Il en est de même pour toutes les grandes acquisitions scientifiques. Elles ne s'apprennent pas, pour ainsi dire, elles se savent. Il fut un temps où la grande majorité des hommes naissaient, vivaient esclaves, et n'avaient d'autre idéal qu'un changement de servitude. Jamais il ne leur venait à la pensée qu'« un homme vaut un homme ». Ils l'ont appris maintenant et comprennent que cette égalité virtuelle donnée par l'évolution doit se changer désormais en égalité réelle, grâce à la révolution. Les travailleurs, instruits par la vie, connaissent même certaines lois économiques bien mieux que les économistes de profession. Est-il, parmi les anarchistes, un seul ouvrier qui ne reste indifférent aux questions d'impôt progressif ou d'impôt proportionnel, et qui ne sache que tous les impôts sont payés en fin de compte par les plus pauvres ? En est-il un qui ne connaisse la terrible fatalité de la « loi d'airain » en vertu de laquelle il est condamné à ne recevoir qu'une pitance de misère, c'est-à-dire le salaire exact qui l'empêchera de mourir de faim pendant la durée de son travail ? La dure expérience lui a suffisamment fait connaître cette loi fatale de l'économie politique.

Quelle que soit l'origine de l'instruction, tous en profitent, et le travailleur n'est pas celui qui en prend la moindre part. Qu'une découverte soit faite par un bourgeois, un noble ou un roturier, que le savant soit le potier Palissy ou le chancelier Bacon, le monde entier utilisera ses recherches. Certainement des privilégiés voudraient bien garder pour eus le bénéfice de la science et laisser l'ignorance au peuple : chaque jour des industriels s'approprient tel ou tel procédé chimique, et on a pu voir le médecin Koch, ligué avec son maître Guillaume, chercher à faire de la guérison des sujets un monopole de l'État ; mais trop de chercheurs sont à l'œuvre pour que les désirs égoïstes puissent s'accomplir. Ces monopoleurs de science se trouvent dans la situation de ce magicien des *Mille et une Nuits* qui a descellé le vase où depuis dix mille ans dormait un génie enfermé. Ils voudraient le faire rentrer dans son réduit, le clore sous triple sceau, mais ils ont perdu le mot de la conjuration, et le génie est libre à jamais.

Ainsi l'ignorance diminue, et, chez l'évolutionniste révolutionnaire, le savoir dirigera bientôt le pouvoir. C'est là le fait capital qui nous fait espérer avec confiance que l'Humanité est entrée dans une période de développement heureux et que, malgré l'infini complication des choses, les éléments de progrès l'emportent sur ceux de régression. Certes, l'espérance et la crainte se combattent dans les esprits et la netteté de nos connaissances scientifiques ne nous permet pas encore de répondre avec certitude là ce sujet. Cependant, en juxtaposant tous les arguments, ceux qui témoignent d'une décadence et ceux qui prouvent une marche en avant, il parait que ceux-ci sont de beaucoup les plus forts et que chaque jour d'évolution nous rapproche de cette révolution qui détruira le pouvoir

Élisée Reclus

despotique des personnes et des choses, et l'accaparement personnel des produits du travail collectif.

Une première cause de grand espoir est que nos adversaires ne songent plus que par accès, et sans y croire eux-mêmes, à maintenir le peuple endormi dans cette bonne religion de résignation et d'humilité qui était pourtant si commode pour expliquer la misère, l'injustice et l'inégalité sociales. De toutes les digues opposées au courant révolutionnaire, celle-ci était de beaucoup la plus solide ; mais, lézardée de tous côtés, elle fait eau, elle penche et chaque flot en emporte sa pierre.

Que faire pour remplacer la religion qui s'en va ? Puisque l'opprimé ne croit plus au miracle, peut-être pourra-t-on le faire croire au mensonge ? C'est dans cette espérance vaine que des savants, économistes, académiciens, commerçants, financiers, ont imaginé d'introduire dans la science cette proposition hardie, que la propriété et la prospérité sont toujours la récompense du travail. Mais il y aurait pudeur à discuter de pareilles assertions. En prétendant que le labeur est l'origine de la fortune, les économistes ont parfaitement conscience qu'ils ne disent pas la vérité. Aussi bien que les socialistes, ils savent que la richesse est le produit, non du travail personnel, mais du travail des autres ; ils n'ignorent pas que les coups de bourse et les spéculations, origine des grandes fortunes, n'ont pas plus de rapport avec le travail que n'en ont les exploits des brigands ; ils n'osent pas prétendre que l'individu ayant 200,000 francs à dépenser par jour, c'est-à-dire exactement ce qui serait nécessaire pour faire vivre cent mille personnes, se distingue des autres hommes par une intelligence cent mille fois supérieure à celle de la moyenne. Ce serait être dupe, presque complice, de s'attarder à discuter les arguments hypocrites de cette prétendue origine de l'inégalité sociale.

Mais voici qu'on emploie un raisonnement d'une autre nature et qui a du moins le mérite de ne pas reposer sur un mensonge. On invoque contre les revendications sociales le droit du plus fort. La théorie dite de Darwin vient de faire son entrée dans la science et l'on croit pouvoir s'en servir contre nous. En effet, c'est bien le droit du plus fort qui triomphe pour l'accaparement des fortunes. Celui qui est le plus apte matériellement, le plus favorisé par sa naissance, par son instruction, par ses amis, celui qui est le mieux armé et qui trouve devant lui les ennemis les plus faibles, celui-là a le plus de chances de réussir ; mieux que d'autres il peut se bâtir une citadelle du haut de laquelle il tirera sur ses frères infortunés.

Ainsi en a décidé le grossier combat des égoïsmes en lutte. Jadis on n'osait trop avouer cette théorie de fer et de feu, elle eût paru trop violente et l'on préférait les paroles mielleuses. On l'enveloppait même sous de graves formules dont on espérait que le pauvre peuple ne comprendrait pas le sens : « Le travail est un frein » disait Guizot. Mais les découvertes de la science relatives au combat pour l'existence entre les espèces et à la survivance des plus vigoureuses, ont encouragé les théoriciens de la force à proclamer sans ambages leur insolente volonté : « Voyez, disent-ils, c'est la loi fatale ; c'est l'immuable destinée à laquelle mangeurs et mangés sont également soumis ».

Nous devons nous féliciter de ce que la question soit ainsi simplifiée dans sa brutalité, car elle est d'autant plus près de se résoudre. « La force règne ! » disent les soutiens de l'inégalité sociale. Oui, c'est la force qui règne ! s'écrie de plus en plus fort l'industrie moderne dans son perfectionnement féroce. Mais ce que disent les économistes, ce que disent les industriels, les révolutionnaires ne pourront-ils te dire aussi, tout en comprenant qu'entre eux l'accord pour l'existence remplacera graduellement la lutte pour l'existence ? La loi du plus fort ne fonctionnera pas toujours au profit du monopole industriel. « La force prime le droit », a dit Bismarck après tant d'autres ; mais on peut préparer le jour où la force sera au service du droit. S'il est vrai que les idées de solidarité se répandent, s'il est vrai que les conquêtes de la science finissent par pénétrer dans les couches profondes, s'il est vrai que les vérités deviennent propriété commune, si l'évolution se fait dans le sens de la justice ; les travailleurs qui ont en même temps le droit et la force, ne s'en serviront-ils pas pour faire la révolution au profit de tous ? Contre les masses associées, que pourront les individus isolés, si forts qu'ils soient par l'argent, l'intelligence et l'astuce ? Les gens de gouvernement, désespérant de leur cause, en sont venus à ne demander à leurs maîtres que la « poigne », leur seul chance de salut. Il ne serait pas difficile de citer des exemples de ministres que l'on n'a choisis ni pour leur gloire militaire ou leur noble généalogie, ni pour leurs talents ou leur éloquence, mais uniquement pour leur manque de scrupules. À leur sujet le doute n'est point permis : nul préjugé ne les arrête pour la conquête du pouvoir ou des écus.

Dans aucune des révolutions modernes nous n'avons vu les privilégiés combattre leurs propres batailles. Toujours ils s'appuient sur des armées de pauvres auxquels ils enseignent ce qu'on appelle « la religion du drapeau » et qu'ils dressent à ce que l'on appelle « le maintien de l'ordre ». Cinq millions d'hommes, sans compter la police haute et basse, sont employés à cette œuvre en Europe. Mais ces armées peuvent se désorganiser, elles peuvent se rappeler les liens d'origine et d'avenir qui les rattachent à la masse populaire ; la main qui les dirige peut manquer de vigueur. Composées en grande partie de prolétaires, elles peuvent devenir, elles deviendront certainement pour la société bourgeoise ce que les barbares à la solde de l'empire sont devenus pour la société romaine, un élément de dissolution. L'histoire abonde en exemples de l'affolement subit qui s'empare des puissants. Quand les malheureux déshérités se seront unis pour leurs intérêts, de métier à métier, de nation à nation, de race à race, quand ils connaîtront bien leur but, n'en doutez pas, l'occasion se présentera certainement d'employer leur force au service du droit, et quelque puissant que soit le maître d'alors, il sera bien faible en face de tous les faméliques ligués contre lui. À la grande évolution qui s'accomplit maintenant succédera la grande révolution si longtemps attendue.

Ce sera le salut et il n'y en a point d'autre. Car si le capital garde la force, nous serons tous des esclaves de ses machines, de simples cartilages rattachant les dents de fer aux arbres de bronze ou d'acier ; si aux épargnes réunies dans les coffres des banquiers s'ajoutent sans cesse de nouvelles dépouilles gérées par des associés responsables seulement devant leurs livres de caisse, alors c'est en vain que vous feriez appel à la pitié, personne n'entendra vos plaintes. Le tigre peut se détourner de sa victime, mais les livres de banque prononcent des arrêts sans appel ; les hommes, les peuples sont écrasés sous ces pesantes archives dont les pages silencieuses racontent en chiffres l'œuvre impitoyable. Si le capital doit l'emporter, il sera temps de pleurer notre âge d'or, nous pourrons alors regarder derrière nous et voir comme uni : lumière qui s'éteint tout ce que la terre eut de doux et de bon, l'amour, la gaieté, l'espérance. L'Humanité aura cessé de vivre.

Évolution et Révolution

Il y a quelques années l'habitude s'était répandue dans le monde officiel et courtisan d'Europe de répéter que le socialisme, l'élément du renouveau dans la société, était mort, définitivement enterré. Un homme fort habile dans les petites choses, mais impuissant dans les grandes, un parvenu, un vaniteux qui haïssait le peuple parce qu'il en était issu, s'était vanté d'avoir « saigné la gueuse ». Il croyait l'avoir exterminée dans Paris, l'avoir enfouie dans les fosses du Père-Lachaise. C'est à la Nouvelle-Calédonie, aux antipodes, pensait-il, que des échantillons malingres de ceux qui furent autrefois des socialistes pourraient être trouvés. Après M. Thiers, ses bons amis d'Europe s'empressèrent de répéter ses paroles, et de toutes parts ce fut un chant de triomphe. Quant aux socialistes allemands, n'avions-nous pas là, pour les surveiller, le maître des maîtres, celui dont un froncement de sourcils faisait trembler l'Europe ? Et les nihilistes de Russie ? Qu'étaient ces misérables ? Des monstres bizarres, des sauvages issus de Huns et de Bachkirs, dont les hommes du monde policé d'occident n'avaient à s'occuper que comme d'échantillons d'histoire naturelle.

Néanmoins, la joie causée par la disparition du socialisme n'a pas duré. De mauvais rêves troublaient les bourreaux, il leur semblait que les victimes n'étaient pas tout à fait mortes. Et maintenant existe t-il encore un aveugle qui puisse douter de leur résurrection ? Tous les laquais de plume qui répétaient après Gambetta : « Il n'y a pas de question sociale ! » ne sont-ils pas les mêmes qui reprennent les paroles de l'empereur Guillaume, comme ils saisiraient au vol les crachats du Grand Lama, pour crier : « La question sociale nous envahit ! La question sociale nous assiège ! » Dans toutes les assemblées, les ouvriers se prononcent à l'unanimité pour l'appropriation du sol et des usines, considérée déjà comme le point de départ de la nouvelle ère économique. L'Angleterre, les États-Unis, le Canada, l'Australie retentissent du cri : « Nationalisation du sol », et les grands propriétaires affolés s'attendent à ce que le peuple entre en chasse contre eux. Est-ce que toute la littérature spontanée des chansons et des refrains socialistes n'a pas déjà repris en espérance tous les produits du travail collectif ?

Élisée Reclus

Nègre de l'usine,

Forçat de la mine,

Ilote des champs,

Lève-toi, peuple puissant :

Ouvrier, prends la machine !

Prends la terre, paysan !

Et la compréhension naissante du travailleur ne s'évapore pas toute en chansons. Les grèves prennent un caractère agressif qu'elles n'avaient jamais eu. Ce ne sont plus seulement des actes de déses-poir passif, des promenades mornes de faméliques demandant du pain ; elles commencent à prendre des allures de revendication fort gênantes pour les capitalistes. N'avons-nous pas vu aux États-Unis les ouvriers, maîtres pendant huit jours de tous les chemins de fer de l'Indiana et d'une partie du versant de l'Atlantique ? Et, lors de la grande grève des chargeurs et portefaix de Londres, tout le quar-tier des Docks ne s'est-il pas trouvé de fait entre les mains d'une foule internationale, fraternellement unie ? Ainsi l'évolution s'ac-complit, la révolution approche. Le socialisme, c'est-à-dire l'armée des individus qui veulent changer l'état social, a repris sa marche. La foule en mouvement se précipite, et nul gouvernement n'ose plus fermer les yeux à la vue de ces masses profondes ! Bien au contraire, le pouvoir s'en exagère le nombre et cherche tantôt à les combattre par des lois absurdes, des vexations irritantes, tantôt par des politesses et des phrases à effet. Depuis qu'un souverain s'est mis en frais de grâces pour le socialisme, la tourbe des « reptiles » se rue derrière lui pour faire assaut de courbettes. Pas un journal qui ne nous offre sa solution de la question sociale ?

Maintenant le bruit de la révolution éclate déjà, ébranlant les usines, les parlements et les trônes. Mais on comprend qu'un sinistre silence se soit fait naguère lorsque « l'ordre régnait à Varsovie » et ailleurs. Au lendemain d'une tuerie, il est peu d'hommes qui osent se présenter aux balles. Lorsqu'une parole, un geste sont punis de la prison, bien clairsemés sont les hommes qui ont le courage de s'exposer au danger. Ceux qui acceptent tranquillement le rôle de victimes pour une cause dont le triomphe est encore lointain ou même douteux sont rares : tout le monde n'a pas l'héroïsme de ces nihilistes russes qui composent des journaux dans l'antre même de leurs ennemis et qui vont les afficher sur les murs entre deux factionnaires. Il faut être bien dévoué soi-même pour avoir le droit d'en vouloir à ceux qui ne se déclarent pas socialistes quand leur travail en dépend, c'est-à-dire la vie de ceux qu'ils aiment. Mais si tous les opprimés n'ont pas le tempérament de héros, ils n'en sentent pas moins la souffrance, ils n'en ont pas moins le vouloir d'y échapper, et l'état d'esprit, de tous ceux qui souffrent comme eux et qui en connaissent la cause finit par créer une force révolutionnaire. Dans telle ville où il n'existe pas un seul groupe d'anarchistes, tous les ouvriers le sont déjà d'une manière plus ou moins consciente. D'instinct ils applaudissent le camarade qui leur parle d'un état social où il n'y aura plus de maîtres et où le produit du travail sera dans les mains du producteur. Cet instinct contient en germe la révolution future, car de jour en jour il se précise et se transforme en connaissance distincte. Ce que l'ouvrier sentait vaguement hier, il le sait aujourd'hui, et chaque nouvelle expérience le lui fait mieux savoir. Et les paysans qui ne trouvent pas à se nourrir du produit de leur lopin de terre, et ceux, bien plus nombreux encore, qui n'ont pas en propre une motte d'argile, ne commencent-ils pas à comprendre que la terre doit appartenir à celui qui la cultive ? Ils l'ont toujours senti d'instinct ; ils le savent maintenant et se préparent à parler le langage précis de la revendication.

Voilà l'état de choses ! Et quelle peut en être l'issue ? L'évolution qui se fait dans l'esprit des travailleurs, c'est-à-dire du plus grand nombre, cette évolution amènera forcément une révolution, car l'histoire nous enseigne que les défenseurs du privilège ne céderont point de bonne grâce à la poussée d'en bas.

Ils céderont, mais par crainte, car l'affection et la bonté ne peuvent naître dans une œuvre de haine. Ils feront volte-face, mais quand il y aura pour eux impossibilité absolue de continuer leur marche dans la voie suivie. Il est dans la nature même des choses que tout organisme fonctionne dans le sens de son mouvement normal ; il peut s'arrêter, se briser, mais non fonctionner à rebours. Toute autorité cherche à s'agrandir aux dépens d'un plus grand nombre de sujets : toute monarchie tend forcément à devenir monarchie

Élisée Reclus

universelle. Ni Alexandre, ni César, ni Attila, ni Charlemagne, ni Bonaparte n'auraient jamais pu être satisfaits dans leur ambition. Jamais financier ne s'est dit : « C'est assez ! je ne veux plus de millions ! » Et même s'il avait la sagesse de modérer ses vœux, le milieu même dans lequel il se trouve travaillerait pour lui : les capitaux continuent d'enfanter des revenus comme des mères Gigogne. Dès qu'un homme est nanti d'une autorité quelconque il veut en user et sans contrôle ; il n'est geôlier qui ne tourne sa clef dans la serrure avec un sentiment glorieux de sa toute-puissance, d'infinie garde champêtre qui ne surveille la propriété dus maîtres avec une haine sans bornes contre le maraudeur ; misérable huissier qui n'éprouve un souverain mépris pour le pauvre diable auquel il fait sommation.

Et si les individus isolés sont déjà énamourés de la « part de royauté » qu'on a eu l'imprudence de leur départir, combien plus encore les corps constitués ayant des traditions de pouvoir héréditaire et un point d'honneur collectif ? On comprend, qu'un individu, soumis à une influence particulière, puisse être accessible à la raison ou à la bonté et que, touché d'une pitié soudaine, il abdique sa puissance ou rende sa fortune, et demande en grâce d'être accueilli comme un frère par ceux qu'il opprimait jadis à son insu ou inconsciemment ; mais comment attendre acte pareil de toute une caste d'hommes liés les uns aux autres par une chaîne d'intérêts, par les illusions et les conventions professionnelles, par les amitiés et les complicités, même par les crimes ? Et quand les serres de la hiérarchie et l'appeau de l'avancement tiennent l'ensemble du corps de la nation en une massé compacte, quel espoir a-t-on de les voir s'adoucir tout à coup, quel rayon de la grâce pourrait humaniser cette caste ennemie, — armée, magistrature, clergé ?

Comment s'imaginer qu'un pareil groupe puisse avoir des accès de vertu collective et céder à d'autres raisons que la peur, lorsque la révolution s'avance et que la machine vivante composée de rouages humains, ahuris ou terrifiés, s'arrête spontanément.

Mais en admettant que les bons riches soient illuminés soudain par un astre brillant dans le ciel et qu'ils se sentent convertis, renouvelés comme par un coup de foudre, en admettant l'impossible, qu'ils aient conscience de leur égoïsme passé et qu'ils se débarrassent en toute hâte de leur fortune au profit de ceux qu'ils ont lésés, qu'ils rendent tout et se présentent les mains nues dans l'assemblée des pauvres, en leur disant : « Prenez ! » s'ils faisaient toutes ces choses, eh bien ! justice ne serait point encore faite : ils garderaient encore le beau rôle qui ne leur appartient pas et l'histoire les présenterait d'une façon mensongère. C'est ainsi que des flatteurs ont voulu glorifier la nuit du 4 août comme le moment décisif de la Révolution française, celui où les nobles abandonnèrent de leur plein gré titres, privilèges et richesses. Si l'on a montré sous cet aspect un abandon fictif consenti sous la pression du fait accompli, que ne dirait-on pas d'un abandon, réel et spontané de la fortune mal acquise par les anciens exploiteurs ? Il serait à craindre que l'admiration et la reconnaissance publique les rétablit à leur place usurpée. Non, il faut, pour que justice se fasse, pour que les choses reprennent leur équilibre naturel, il faut que les opprimés se relèvent par leur propre force, que les volés reprennent leur bien, que les esclaves reconquièrent la liberté. Ils ne l'auront réellement qu'après l'avoir gagnée de haute lutte.

Le type des compagnies d'exploitation moderne est encore bien plus éloigné de tout sentiment d'humanité que la magistrature ou toute autre caste « inamovible ». C'est la société capitaliste constituée par actions, obligations, crédit, c'est-à-dire par un va et vient de papiers et d'écus. Comment faire pour moraliser ces paperasses et ces monnaies ? et leur inspirer cet esprit de solidarité envers les hommes qui prépare la voie aux changements de l'état social ? Telle banque composée de purs philanthropes n'en prélèverait pas moins ses commissions, intérêts et gages : elle ignore que des larmes ont coulé sur les gros sous et sur les pièces blanches si péniblement amassées, qui vont s'engouffrer dans les énormes coffresforts à centuple serrure. On nous dit toujours d'attendre l'œuvre du temps qui doit amener l'adoucissement des mœurs et la réconciliation finale, mais comment ce coffre-fort s'adoucira-t-il, comment s'arrêtera le fonctionnement de cette formidable mâchoire de l'ogre broyant sans cesse les générations humaines ?

Nous tous qui, pendant une vie déjà longue, avons vu les révolutions politiques se succéder, nous pouvons nous rendre compte de ce travail incessant de péjoration que subissent les institutions basées sur l'exercice du pouvoir. Il fut un temps où ce mot de « République » nous transportait d'enthousiasme : il nous semblait

Élisée Reclus

que ce terme était composé de syllabes magiques, et que le monde serait comme renouvelé le jour où l'on pourrait enfin le prononcer à haute voix sur les places publiques. Et quels étaient ceux qui brûlaient de cet amour mystique pour l'avènement de l'ère républicaine, et qui voyaient avec nous dans ce changement extérieur l'inauguration de tous les progrès politiques et sociaux ? Ceux-là même qui sont maintenant au pouvoir, ceux qui ont les places et les sinécures, ceux qui font les aimables avec les ambassadeurs russes et les barons de la finance. Et certes, je n'imagine pas que dans ces temps déjà lointains tous ces parvenus fussent en masse de purs hypocrites. Il y en avait bien quelques uns parmi eux, gens qui flairaient le vent et orientaient leur voile. Mais la plupart étaient sincères sans doute : ils croyaient à la République, et c'est de tout cœur qu'ils en acclamaient la trilogie Liberté, Égalité, Fraternité !

Mais que de chemin parcouru depuis ! La République, comme forme de pouvoir s'est affermie, et c'est en proportion même de son affermissement qu'elle est devenue servante à tout faire. Comme par un mouvement d'horlogerie, aussi régulier que la marche de l'ombre sur un mur, tous ces fervents jeunes hommes qui faisaient des gestes de héros devant les sergents de ville sont devenus des gens prudents et timorés dans leurs demandes de réformes, puis des satisfaits, enfin des jouisseurs et des goinfres de privilèges. La magicienne Circé, autrement dit la luxure de la fortune et du pouvoir les a changés en pourceaux ! Et leur besogne tend de plus en plus à consolider les institutions qu'ils attaquaient autrefois. Ils s'accommodent parfaitement de tout ce qui les indignait. Eux qui tonnaient contre l'Église et ses empiétements, s'accommodent maintenant du Concordat et donnent du Monseigneur aux évêques. Ils parlaient avec éloquence de la fraternité universelle, et c'est les outrager aujourd'hui que de répéter simplement les paroles qu'ils prononçaient alors. Ils dénonçaient avec horreur l'impôt du sang, mais récemment ils enrégimentaient jusqu'aux moutards et se préparaient peut-être à faire des lycéennes autant de vivandières. « Insulter l'armée » — c'est-à-dire ne pas cacher les turpitudes de l'autoritarisme sans contrôle et de l'obéissance passive, — c'est pour eux le plus grand des crimes. Manquer de respect envers l'immonde agent des mœurs, ou l'abject policier ou la valetaille des légistes assis ou debout, c'est outrager la justice et la morale. Il n'est point d'institution vieillie qu'ils n'essaient de consolider ; grâce à eux l'Académie, si honnie jadis, a pris une espèce de popularité : ils se pavanent sous la coupole de l'Institut, quand un des leurs, devenu mouchard, a fleuri de palmes vertes son habit à la française. La croix de la légion d'honneur était leur risée, ils en ont inventé de nouvelles, jaunes, vertes, bleues, multicolores. Ce que l'on appelle la République ouvre toutes grandes les portes de son bercail à ceux qui en abhorrent jusqu'au nom, hérauts du droit divin, chantres du Syllabus, pourquoi ceux-ci n'entreraient-ils pas ? Ne sont-ils pas chez eux au milieu de tous ces parvenus qui les entourent chapeau bas ?

Mais il ne s'agit point ici de critiquer et de juger ceux qui par une lente corruption ou par de brusques soubresauts ont passé du culte de la sainte République à celui du pouvoir et des abus sacrosaints ! Dès leur point de départ, la carrière qu'ils ont suivie est précisément celle qu'ils devaient parcourir. Ils admettaient tous que la société doit être constituée en État ayant son chef et ses législateurs ; tous avaient la « noble » ambition de servir leur pays et de se « dévouer » sa prospérité et à sa gloire. Ils acceptaient le principe, les conséquences s'en suivent. République et républicains sont devenus la triste chose que nous voyons ; et pourquoi nous en irriterions-nous ? C'est une loi de nature que l'arbre porte son fruit, que tout gouvernement fleurisse et fructifie en caprices, en tyrannie, en usure, en scélératesses, en meurtres et en malheurs.

C'est chimère d'attendre que l'Anarchie, idéal humain, puisse sortir de la République, forme gouvernementale. Les deux évolutions se font en sens inverse, et le changement ne peut s'accomplir que par une rupture brusque, c'est-à-dire par une révolution. Mais n'y a-t-il pas aussi des socialistes parmi les gens à l'affût du pouvoir ? Sans doute, et ce sont précisément ceux que nous redoutons le plus. C'est par décret qu'ils feront le bonheur du peuple, par la police qu'ils auront la prétention de se maintenir ! Le pouvoir n'est autre chose que l'emploi de la force : leur premier soin sera donc de se l'approprier, de consolider même toutes les institutions qui leur faciliteront le gouvernement de la société. Peut-être auront-ils l'audace de les renouveler par la science afin de leur donner une énergie nouvelle. C'est ainsi que dans l'armée on emploie des engins nouveaux, des poudres sans fumée ; et ces inventions ne servent

Élisée Reclus

qu'à tuer plus rapidement ; c'est ainsi que dans la police on a inventé l'anthropométrie, un moyen de changer la France entière en une grande prison. On commence par mesurer les criminels vrais ou prétendus, puis on mesure les suspects, et nous unirons par y passer tous. « La police et la science se sont entrebaisées », aurait dit le Psalmiste.

Ainsi rien, rien de bon ne peut nous venir de la République et des républicains arrivés, c'est-à-dire détenant le pouvoir. C'est une chimère en histoire, un contresens de l'espérer. La classe qui possède et qui gouverne est fatalement ennemie de tout progrès. Le véhicule de la pensée moderne, de l'évolution intellectuelle et morale est la partie de la société qui peine, qui travaille et que l'on opprime. C'est elle qui élabore l'idée, elle qui la réalise, elle qui, de secousse en secousse, remet constamment en marche ce char social, que les conservateurs essaient sans cesse de caler sur la route, d'empêtrer dans les ornières ou d'enliser dans les marais de droite ou de gauche. Les deux sociétés opposées existent dans l'Humanité : elles s'entremêlent, diversement rattachées çà et là par ceux qui veulent sans vouloir, qui s'avancent pour reculer ; mais si nous voyons les choses de haut, sans tenir compte des incertains et des indifférents que le destin fait mouvoir comme dos flots, il est clair que le monde actuel se divise en deux camps, ceux qui veulent conserver l'inégalité et la pauvreté, c'est-à-dire l'obéissance et la misère pour les autres, les jouissances et le pouvoir pour eux-mêmes, et ceux qui revendiquent pour tous le bien-être et la libre initiative.

Entre ces deux camps, il semble d'abord que les forces soient bien inégales. Les souteneurs de la société actuelle ont les propriétés sans limites, les revenus qui se comptent par millions et par milliards, toute la puissance de l'État avec les armées des employés, des soldats, des gens de police, des magistrats, tout l'arsenal des lois et des ordonnances. Et les socialistes, les artisans de la société nouvelle, que peuvent-ils opposer à toutes ces forces organisées ? Rien, semble-t-il. Sans argent, sans armée, ils succomberaient, en effet, s'ils ne représentaient l'évolution des idées et des mœurs. Ils ne sont rien, mais ils ont pour eux le mouvement de la pensée humaine. La logique des événements leur donne raison et d'avance leur assure le triomphe en dépit des lois et des sbires. Les efforts tentés pour endiguer la révolution peuvent aboutir en apparence, et les réactionnaires se félicitent alors à grand cri, mais leur joie est vaine, car refoulé sur un point, le mouvement se produit aussitôt sur un autre : si quoique Encelade réunissait à jeter un fragment de montagne dans un cratère, l'éruption ne se ferait point par le gouffre obstrué soudain, mais la montagne se fendrait ailleurs et c'est par la nouvelle ouverture que s'élancerait le fleuve de lave. C'est ainsi qu'après l'explosion de la Révolution française, Napoléon crut être le Titan qui refermait le cratère des révolutions, et la tourbe des flatteurs, la multitude infinie des ignorants le crut avec lui ; cependant, les soldats même qu'il promenait à sa suite à travers l'Europe contribuaient à répandre des idées et des mœurs nouvelles, tout en accomplissant leur œuvre de destruction : tel futur « décabriste » ou « nihiliste » russe prit sa première leçon de révolte d'un prisonnier de guerre sauvé des glaçons de la Bérézina. La conquête temporaire de l'Espagne suffit pour délivrer de l'intolérable régime colonial toutes les immenses provinces du Nouveau-Monde.

L'Europe semblait s'arrêter, mais par contrecoup l'Amérique se mettait en marche. Napoléon n'avait été qu'une ombre passagère.

La forme extérieure de la société doit changer en proportion de la poussée intérieure, nul fait d'histoire n'est mieux constaté. C'est la sève qui fait l'arbre et qui lui donne ses feuilles et ses fleurs ; c'est le sang qui fait l'homme ; ce sont les idées qui font la société. Or, il n'est pas un conservateur qui ne se lamente de ce que les idées, les mœurs, tout ce qui fait la vie profonde de l'Humanité, se soit modifie depuis le « bon vieux temps ». Les formes sociales ne doivent-elles pas changer aussi ? La Révolution se rapproche en raison même du travail intérieur des esprits.

Que chacun fasse appel à ses souvenirs pour constater les changements qui se sont produits déjà dans la manière de penser et de sentir, depuis le milieu du siècle ! La nécessité d'un maitre, d'un chef ou capitaine en toute organisation paraissait hors de doute : un Dieu dans le ciel, ne fût-ce que lé Dieu de Voltaire, un souverain sur un trône ou sur un fauteuil, ne fût-ce qu'un roi constitutionnel ou un président de république, « un cochon à l'engrais », suivant l'heureuse expression de l'un d'entre eux ; un patron pour chaque usine, un bâtonnier dans chaque corporation, un mari, un père à grosse voix dans chaque ménage. Mais de jour en jour le préjugé se dissipe et le prestige des maîtres diminue ; les auréoles pâlissent à mesure que grandit le jour. En dépit du mot d'ordre, qui consiste à faire semblant de croire, même quand on ne croit pas, en dépit d'académiciens et de normaliens qui doivent à leur dignité de feindre, la foi s'en va et malgré tes agenouillements, les signes de croix et les parodies mystiques, la croyance en ce Maître Éternel dont était dérivé le pouvoir de tons les maîtres mortels se dissipe comme un rêve de nuit. Ceux qui ont visité l'Angleterre et les États-Unis à vingt années d'intervalle s'étonnent de la prodigieuse transformation qui s'est accomplie à cet égard dans les esprits. On avait quitté des hommes fanatiques, intolérants, féroces dans leurs croyances religieuses et politiques ; on retrouve des gens à l'esprit ouvert, à la pensée libre, au cœur élargi. Ils ne sont plus hantés par l'hallucination du Dieu vengeur.

La diminution du respect est dans la pratique de la vie le résultat capital de cette évolution des idées. Allez chez les prêtres, bonzes ou marabouts : d'où vient leur amertume ? de ce qu'on ose penser sans leur avis. Et chez les grands personnages de quoi se plaignent-ils ? de ce qu'on les aborde comme d'autres hommes. On ne leur cède plus le pas, on néglige de les saluer. Et quand on obéit aux représentants de l'autorité, parce que le gagne-pain l'exige, et qu'on leur donne en même temps les signes extérieurs du respect, on sait ce que valent ces maîtres ; et leurs propres subordonnés sont les premiers à les tourner en ridicule. Il ne se passe pas de semaine que des juges siégeant en robe rouge, toque sur tête, ne soient insultés, bafoués par leurs victimes sur la sellette. Tel prisonnier a même lancé son sabot à la tête du président. L'ombre des robins d'autrefois en a frémi sans doute jusqu'au fond des enfers.

Il est vrai, le respect s'en va, non pas ce juste respect qui s'attache à l'homme de droiture, de dévouement et de labeur, mais ce respect bas et honteux qui suit la richesse ou la fonction, ce respect d'esclave qui porte la foule des badauds vers le passage d'un roi et qui change les laquais et les chevaux d'un grand personnage en objets d'admiration. Et non seulement le respect s'en va, mais ceux-là qui prétendent le plus à la considération de tous sont les premiers à compromettre leur rôle d'êtres surhumains. Autrefois les souverains d'Asie connaissaient l'art de se faire adorer. On voyait de loin leurs palais ; leurs statues se dressaient partout, on lisait leurs édits, mais ils ne se montraient point. Les plus familiers de leurs sujets ne les abordaient qu'à genoux, parfois un voile s'ouvrait à demi pour les montrer comme dans un éclair et les faire disparaitre soudain, laissant tout émue l'âme de ceux qui les avaient entrevus un instant. Alors le respect était assez profond pour tenir de la stupeur : un muet portait aux condamnés un cordon de soie et cela suffisait pour que le fidèle adorateur se pendit aussitôt. Tamerlan, se promenant au haut d'une tour, fait un signe aux cinquante courtisans qui l'environnent, et tous se précipitent dans l'espace. Et que sont les Tamerlans de nos jours, sinon des apparences ? Simple convention, l'institution royale a perdu cette sanction du respect universel qui lui donnait toute sa valeur. « Le roi, la foi, la loi » disait-on jadis. « La foi » n'y est plus, et sans elle le roi et la loi s'évanouissent : ce ne sont plus que des fantômes.

Ceux qui sont marqués pour la mort n'attendent pas qu'on les tue : ils se suicident ; soit qu'ils se fassent sauter la cervelle ou se mettent la corde au cou, soit qu'ils se laissent envahir par la mélancolie, le marasme, le pessimisme, toutes maladies mentales qui pronostiquent la fin et en avancent la venue. Chez le jeune privilégié, fils d'une race épuisée, le pessimisme n'est pas seulement une façon de parler, une attitude, c'est une maladie réelle. Avant d'avoir vécu, le pauvre enfant ne trouve aucune saveur à l'existence, il se laisse vivre en rechignant, et cette vie endurée de mauvais gré est comme une mort anticipée. En ce triste état, on est déjà condamné à toutes les maladies de l'esprit, folie, sénilité, démence. On se plaint de la diminution des enfants dans les familles, et d'où vient la stérilité croissante, volontaire ou non, si ce n'est d'un amoindrissement de la force virile ou de la joie de vivre ? N'est-ce pas un signe des temps que toute une école littéraire ait pris le nom de « décadents ». Parmi les journaux qui durent, n'en est-il pas un qui porte le nom, — probablement mérité, – de *Journal des Abrutis ?*

Dans le monde qui travaille, où l'on a pourtant bien des causes de tristesse, on n'a pas le temps de se livrer aux langueurs du pessimisme. Il faut vivre, il faut aller de l'avant, progresser quand même, renouveler les forces vives pour la besogne journalière. C'est par l'accroissement de ces familles que la société se maintient, et de leur milieu surgissent incessamment des hommes qui reprennent

Élisée Reclus

l'œuvre des devanciers et, par leur initiative hardie, l'empêchent de tomber dans la routine.

Les grands évènements auxquels notre génération a participé sont issus de ce monde du travail, et les « classes dirigeantes » n'y ont été pour rien. L'Internationale ! Depuis la découverte de l'Amérique et la circumnavigation de la Terre, n'est-ce pas le fait le plus considérable de l'histoire des hommes ? Colomb, Magellan, El Cano ont constaté, les premiers, l'unité matérielle de la Terre, et depuis cette époque, maints philosophes et révolutionnaires avaient prévu sa future unité morale. Que de fois n'a-t-on pas célébré les jours à venir où disparaîtraient les frontières, mais elles n'en existaient pas moins, jusqu'au jour où des travailleurs anglais, français, allemands, oubliant la différence d'origine et se comprenant les uns les autres malgré la diversité du langage, se réunirent pour ne former qu'une seule et même nation, au mépris de tous les gouvernements respectifs. Sans doute, les commencements de l'Internationale furent peu de chose, à peine quelques milliers d'hommes s'étaient groupés dans cette association, cellule primitive de l'Humanité future, mais les historiens comprirent l'importance capitale de l'événement qui venait de s'accomplir. Et dès les premières années de son existence, pendant la Commune de Paris, on put voir par le renversement de la colonne Vendôme que les idées de l'Internationale étaient devenues une réalité vivante. Chose inouïe jusqu'alors, les vaincus renversèrent avec enthousiasme le monument d'anciennes victoires, non pour flatter lâchement ceux qui venaient de vaincre à leur tour, mais pour témoigner de leur sympathie fraternelle envers les frères qu'on avait menés contre eux, et de leurs sentiments d'exécration contre les maitres et rois qui de part et d'autre conduisaient leurs sujets à l'abattoir. Pour ceux qui savent se placer en dehors des luttes mesquines des partis et contempler de haut la marche de l'histoire, il n'est pas, en ce siècle, de signe des temps qui ait une signification plus imposante que le renversement de la colonne impériale sur sa couche de fumier !

On l'a redressée depuis, de même qu'après la mort de Charles Ier et de Louis XVI on restaura les royautés d'Angleterre et de France, mais on sait ce que valent les restaurations ; on peut recrépir les lézardes, mais la poussée du sol ne manquera pas de les rouvrir : on peut rebâtir les édifices, mais on ne fait pas renaître la foi première qui les avait édifiés. Le passé ne se restaure, ni l'avenir ne se détourne. Il est vrai que tout un appareil de lois interdit l'Internationale. En Italie on l'a qualifiée d' « Associations de Malfaiteurs ». On en punit les membres du cachot et du bagne. Précautions misérables ! Sous quelque nom qu'on la déguise, la fédération internationale des Travailleurs n'en existe et ne s'en développe pas moins, toujours plus solidaire et plus puissante. C'est même une singulière ironie du sort, de nous montrer combien ces ministres et ces magistrats, ces législateurs et leurs complices, sont des êtres faciles à duper et combien ils s'empêtrent dans leurs propres fois. Leurs armes ont à peine servi que déjà, tout émoussées, elles n'ont plus de tranchant. Ils prohibent l'Internationale, mais ce qu'ils ne peuvent prohiber, c'est l'accord naturel et spontané de tous les travailleurs qui pensent, c'est le sentiment de solidarité qui nous unit de plus en plus, c'est notre alliance toujours plus intime contre les parasites de diverses nations et de diverses classes. Ces lois ne servent qu'à rendre grotesques les graves et majestueux personnages qui les édictent. Pauvres fous, qui commandez à la mer de reculer !

Par un contraste bizarre, jamais on ne parla de la patrie avec une aussi bruyante affectation que depuis le temps où on la voit se perdre peu à peu dans la grande patrie terrestre de l'Humanité. On ne voit plus que des drapeaux, surtout à la porte des guinguettes et des maisons à fenêtres louches. Les « classes dirigeantes » se targuent à pleine bouche de leur patriotisme, tout en plaçant leurs fonds à l'étranger et en trafiquant avec Vienne ou Berlin de ce qui leur rapporte quelque argent, même les secrets d'État. Jusqu'aux savants, oublieux du temps où ils constituaient une république internationale de par le monde, qui parlent de « science française », de « science allemande », de « science italienne » comme s'il était possible de cantonner entre des frontières, sous l'égide des gendarmes, la connaissance des faits et la propagation des idées : on fait du protectionnisme pour les productions de l'esprit comme pour les navets et les cotonnades. Mais en proportion même de ce rétrécissement intellectuel dans le cerveau des importants s'élargit la pensée des petits. Les hommes d'en haut raccourcissent leur domaine et leur espoir à mesure que nous, les révoltés, nous prenons possession de l'Univers et agrandissons nos cœurs. Nous nous sentons camarades de par la terre entière, de l'Amérique à l'Europe

Élisée Reclus

et de l'Europe à l'Australie ; nous nous servons du même langage pour revendiquer les mêmes intérêts et le moment vient où nous aurons spontanément la même tactique, un seul mot de reconnaissance. Notre armée se lèvera de tous les coins du monde.

Déjà des signes avant-coureurs ont annoncé la grande lutte. N'avons-nous pas vu, le 1er mai 1890, les ouvriers du monde entier s'unir dans une même pensée pour répondre à l'appel d'un inconnu quelconque, peut-être d'un camarade australien ? N'a-t-il pas été prouvé, ce jour-la, que l'Internationale était bien ressuscitée, non point à la voix des chefs, mais par la pression des foules ? Ni les « sages conseils » des socialistes en place, ni l'appareil répressif des gouvernements n'ont pu empêcher les opprimés de toutes les nations de se sentir frères sur tout le pourtour de la planète et de se le dire les uns aux autres. Et pourtant il s'agissait de bien peu de chose, d'une simple manifestation platonique, d'une parole de ralliement, d'un mot de passe ! Il plaisait au monde des travailleurs de se sentir vibrer d'une même secousse électrique.

Certes, le cri de « Travail des huit heures ! » proféré le 1er mai d'un bout de la terre à l'autre n'est point révolutionnaire, car il n'aurait d'autre résultat, s'il était favorablement accueilli, que de confirmer les pouvoirs du patronat, maître des salaires ! Du moins ce mot de rappel, cette date fixe ont-ils pris un sens épique par leur universalité. La force des choses, c'est-à-dire l'ensemble des conditions économiques, fera certainement naîtra pour une cause ou pour une autre, à propos de quelque fait imprévu, une de ces crises soudaines qui passionnent même les indifférents, et nous verrons tout à coup jaillir cette immense énergie qui s'est emmagasinée dans le cœur des hommes par le sentiment violé de la justice, par les souffrances inexpiées, par les haines inassouvies. Chaque jour peut amener une catastrophe et la situation est tellement tendue que dans chaque pays on s'attend à un éclat, qui sait ? peut être la première fusée de l'explosion ! Le renvoi d'un ouvrier, une grève locale, un massacre fortuit, peuvent être la cause de la révolution, de même qu'une simple étincelle peut allumer une poudrière. C'est que le sentiment de solidarité gagne de plus en plus et que toute secousse locale tend à ébranler l'Humanité. Il y a deux ans à peine qu'un ouvrier proposa quelque part la « grève générale ! Le mot parut bizarre, on le prit pour l'expression d'un rêve, d'une espérance chimérique, puis on le répéta d'une voix plus haute, et maintenant il retentit si fort que le monde des capitalistes en tremble. Non, la grève générale n'est pas impossible. Salariés Anglais, Belges, Français, Allemands, Américains, Australiens comprennent qu'il dépend d'eux de refuser le même jour tout travail a leurs patrons, et ce qu'ils comprennent aujourd'hui pourquoi ne le pratiqueraient-ils pas demain ? Un vent d'orage passe sur les peuples comme sur l'Océan : attendons nous à la tempête

Il me souvient, comme si je la vivais encore, d'une heure poignante de ma vie où la joie profonde d'avoir agi suivant mon cœur et ma pensée se mêlait à l'amertume de la défaite. Il y a vingt apnées de cela. La Commune de Paris était en guerre contre les troupes de Versailles, et le bataillon dans lequel j'étais entré avait été fait prisonnier sur le plateau de Châtillon. C'était le matin, un cordon de soldats nous entourait et des officiers moqueurs venaient faire les beaux devant nous. Plusieurs nous insultaient ; un d'eux qui, plus tard, devint sans doute un des élégants parleurs de l'Assemblée, pérorait sur la folie des Parisiens ; mais nous avions d'autres soucis que de l'écouter. Celui des officiers qui me frappa le plus était un homme sobre de paroles, au regard dur, à la figure d'ascète, probablement un hobereau de campagne élevé par les Jésuites. Il passait lentement sur le rebord abrupt du plateau, et se détachait en noir comme une vilaine ombre sur le fond lumineux de Paris. Les rayons du soleil naissant s'épandaient en nappe d'or sur les maisons et sur les dômes : jamais la belle cité, la ville des révolutions, ne m'avait paru plus belle ! « Vous voyez votre Paris ! » disait l'homme sombre en nous montrant de son arme l'éblouissant tableau ; « Eh bien, il n'en restera pas pierre sur pierre ! »

En répétant d'après ses maîtres cette parole biblique, appliquée jadis aux Ninives et aux Babylones, le fanatique officier espérait sans doute que son cri de haine serait une prophétie. Toutefois Paris n'est point tombé ; non seulement il en reste « pierre sur pierre » ; mais ceux qui lui faisaient haïr Paris, c'est-à-dire ces trente-cinq mille hommes que l'on égorgea dans les rues, dans les casernes et dans les cimetières, ne sont point morts en vain et de leurs cendres sont nés des vengeurs. Et combien d'autres « Paris », combien d'autres foyers de révolution consciente sont nés de par le monde ! Où que nous allions, à Londres ou à Bruxelles, à

Élisée Reclus

Barcelone ou à Sydney, à Chicago ou à Buenos-Ayres, partout nous avons des compagnons qui sentent et parlent comme nous. Sous la grande forteresse qu'ont bâtie les héritiers de la Rome césarienne et papale, le sol est miné partout et partout on attend l'explosion. Trouverait-on encore, comme au siècle dernier, des Louis XV assez indifférents pour hausser les épaules en disant : « Après moi le déluge ! » C'est aujourd'hui, demain peut-être, que viendra la catastrophe. Balthazar est au festin, mais il sait bien que les Perses escaladent les murailles de la cité.

De même que l'artiste pensant toujours à son œuvre la tient en entier dans sa tête avant de l'écrire ou de la peindre, de même l'historien voit d'avance la révolution sociale : pour lui, elle est déjà faite. Toutefois nous ne nous faisons point illusion : nous savons que la victoire définitive nous coûtera encore bien du sang, bien des fatigues et des angoisses. À l'Internationale des opprimés répond une Internationale des oppresseurs. Des syndicats s'organisent de par le monde pour tout accaparer, produits et bénéfices, et pour enrégimenter tous les hommes en une immense armée de salariés. Et ces syndicats de milliardaires et de faiseurs, circoncis et incirconcis, espèrent non sans raison, que par la toute puissance de l'argent ils auront à leurs gages les gouvernements et tout leur outillage de répression : armée, magistrature et police. Ils espèrent aussi que par l'habile évocation des haines de races et de peuples, ils réussiront à tenir les foules exploitables dans cet état d'ignorance patriotique et niaise qui maintient la servitude. En effet, toutes ces vieilles haines, ces traditions d'anciennes guerres et ces espoirs de revanche, cette illusion de la patrie, avec ses frontières et ses gendarmes, et les excitations journalières des chauvins de métier, soldats ou journalistes, tout cela nous présage encore bien des luttes, mais nous avons des avantages que l'on ne peut nous ravir. Nos ennemis savent qu'ils poursuivent une œuvre funeste et nous savons que la nôtre est bonne ; ils se détestent et nous nous entr'aimons ; ils cherchent à faire rebrousser l'histoire et nous marchons avec elle.

Ainsi les grands jours s'annoncent. L'évolution s'est faite, la révolution ne saurait tarder. D'ailleurs ne s'accomplit-elle pas constamment sous nos yeux, par multiples secousses ? Plus les travailleurs qui sont le nombre, auront conscience de leur force, et plus les révolutions seront faciles et pacifiques. Finalement, toute opposition devra céder et même céder sans lutte. Le jour viendra ou l'Évolution et la Révolution, se succédant immédiatement, du désir au fait, de l'idée à la réalisation, se confondront en un seul et même phénomène. C'est ainsi que fonctionne la vie dans un organisme sain, celui d'un homme ou celui d'un monde.

ISBN : 978-1539188124

Élisée Reclus